AF305691

NOUVELLE ÉDITION
SOLFÈGE
DE
RODOLPHE
AVEC ACCOMPAGNEMENT
DE
PIANO
PAR
GABRIEL-MARIE.
PRIX: 20 FRANCS
PARIS
MARGUERITAT, Editeur, 21, Boulevard Bonne-Nouvelle
Propriété pour tous Pays.
1887
P. Borie.

Vm⁸ 1108

NOTE DE L'AUTEUR
DE LA NOUVELLE ÉDITION

La nouvelle édition du célèbre SOLFÉGE DE RODOLPHE, que nous publions aujourd'hui, a été faite en vue de faciliter l'emploi de cet ouvrage à tous ceux que les inconvénients de l'édition primitive avaient pu rebuter jusqu'ici.

L'ancienne basse non chiffrée a été remplacée par un accompagnement de piano, réalisant scrupuleusement les harmonies de l'auteur, et permettant à tous les professeurs pianistes de soutenir efficacement l'élève, sans que leur attention soit détournée par la préoccupation d'une réalisation instantanée.

Néanmoins, LA BASSE DE RODOLPHE N'A PAS ÉTÉ ALTÉRÉE & pourra être suivie, comme par le passé, par ceux des professeurs qui se trouveraient dans l'obligation d'accompagner sur un instrument de basse quelconque.

Tous les passages d'une étendue trop grande ont été modifiés de façon à en permettre l'accès aux voix les plus restreintes. Pour obtenir ce résultat, nous ne nous sommes permis que des substitutions de notes, de simples variantes au texte original respectant sévèrement la ligne mélodique de l'auteur.

Grâce à ce système, nous avons pu conserver intacte la graduation des tonalités et faire que les leçons ne dépassent JAMAIS le SOL aigu, limite normale des voix ordinaires de soprano et de ténor. -- Encore avons-nous évité d'atteindre cette limite, aussi souvent que la chose nous a été possible sans dénaturer la phrase existante.

Nous avons aussi apporté quelques améliorations de détail, dont l'importance sera sûrement appréciée. -- C'est ainsi que, dans les leçons élémentaires, les temps à compter sont indiqués par des chiffres représentatifs; l'indication des mesures a été modernisée; enfin, dans les dernières leçons, nous avons ajouté les nuances que semblait comporter le sentiment musical exprimé par l'auteur, de sorte que ces leçons constitueront pour l'élève une excellente préparation à l'étude du style.

Nous avons donc accompli ce travail avec l'intime persuasion qu'il ne devra qu'aider à la vulgarisation de l'œuvre remarquable de Rodolphe, & nous le livrons à l'appréciation des professeurs & des élèves, dans l'espoir qu'il pourra leur offrir quelque intérêt.

1886

SOLFÈGE DE RODOLPHE

NOUVELLE ÉDITION.

(Exemple 2. Page 2.)

AVERTISSEMENT,

Il sera nécessaire de faire apprendre aux élèves les cinq premiers articles des principes qui leur donneront les connaissances primitives, et qu'il est indispensable de savoir avant de solfier.

Le premier de ces articles donne la connaissance de la clef; et le second celle du nombre des notes, des tons, et demi-tons qui se trouvent entr'elles. Le troisième article traite de la valeur des notes; le quatrième de celle du point, et le cinquième de la valeur des silences. Quand aux autres articles, les maîtres pour ne point surcharger la mémoire des écoliers, auront l'attention de ne les leur faire apprendre qu'autant qu'ils seront assez avancés pour les bien concevoir, et ne rien confondre.

ARTICLE PREMIER.

DEMANDE.   Où se pose la Clef de Sol?   RÉPONSE.   Sur la Seconde ligne.

Clef de Sol.

5me Ligne.
4me Ligne.
3me Ligne.
2me Ligne.
1re Ligne.

ARTICLE 2me

D.   Combien y a-t-il de Notes dans la Musique?........   R.   Sept.

D. * Comment les nomme t-on? ....   R.   Ut ou Do, Ré, Mi, Fa, Sol, La, Si,   (Exemple 1. Page 2.)

D.   Combien ces Notes font-elles de tons?..................   R.   Cinq tons et deux demi-tons Majeurs, lorsqu'on y joint l'Octave qui est la répétition du premier son.

D.   Sur quels dégrés se trouvent le deux demi-tons dans le mode Majeur?.....................................   R.   Du troisième au quatrième dégré et du septième au huitième dégré.

(Exemple 2. Page 2.)

D.   Sur quels dégrés se trouvent les deux demi-tons dans le mode Mineur?...............................   R.   Du deuxième au troisième dégré et du septième au huitième dégré.   (Exemple 3. Page 2.)

---

* Dans les Écoles modernes, on a substitué la syllabe DO, à celle de UT comme étant plus sonore pour la vocalisation.

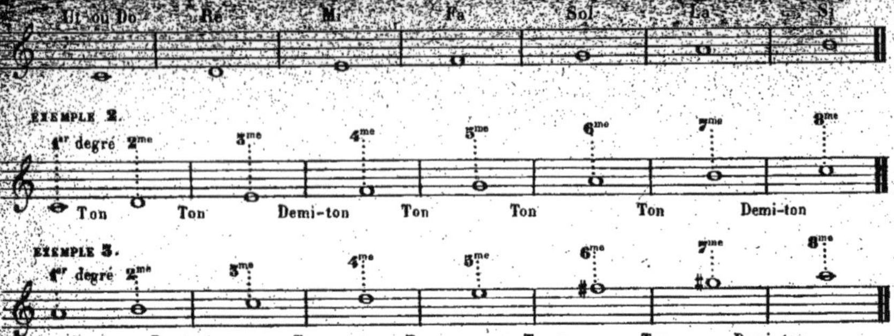

Il y a deux sortes de dégrés, le dégré conjoint ou diatonique, et le dégré disjoint.

Le dégré conjoint est le plus petit de tous les intervalles, tel que celui de seconde ; ainsi : Ut Ré, et Ré Mi, sont des dégrés conjoints, vu qu'il n'y a qu'un intervalle de seconde d'Ut à Ré, comme de Ré à Mi.

Marche diatonique, signifie la même chose que marche par dégrés conjoints.

La gamme, soit en montant, soit en descendant, se nomme, Gamme diatonique, ou Gamme par dégrés conjoints.

Le dégré disjoint est celui qui embrasse un plus grand intervalle que celui de seconde; ainsi Ut Mi, Ut Fa, Ut Sol, Ut La, Ut Si, sont autant de dégrés disjoints, vu que le plus petit de ces intervalles, excède l'intervalle de seconde.

ARTICLE 5me

DE LA VALEUR DES NOTES.

D. Combien la Ronde vaut-elle de Blanches?..	R. Deux..	
D. Combien vaut-elle de Noires?....................	R. Quatre......................................	
D. Et de Croches?...........................	R. Huit..	Exemple......1
D. Et de Doubles Croches?...................	R. Seize..	
D. Et de Triples Croches?...................	R. Trente-deux..............................	
D. Combien la Blanche vaut-elle de Noires?.....	R. Deux..	
D. Combien vaut-elle de Croches?..............	R. Quatre......................................	Exemple......2
D. Et de Doubles Croches?....................	R. Huit..	
D. Et de Triples Croches?....................	R. Seize..	

D. Combien la noire vaut-elle de Croches.......... R. Deux.......... Exemple 3.
D. Combien vaut-elle de doubles Croches.......... R. Quatre..........
D. Et de triples Croches?.......... R. Huit..........

D. Combien la Croche vaut-elle de doubles Croches?.......... R. Deux.......... Exemple 4.
D. Et de triples Croches?.......... R. Quatre..........

D. Combien la double Croche vaut-elle de triples Croches?.......... R. Deux.......... Exemple 5.

FIGURES DES NOTES

Exemple 1.

Valeur de la Ronde.......... Une Ronde..........
.... vaut 2 Blanches,..........
.... ou 4 Noires,..........
.... ou 8 Croches,..........
.... ou 16 Doubles Croches..........
.... ou 32 Triples Croches..........

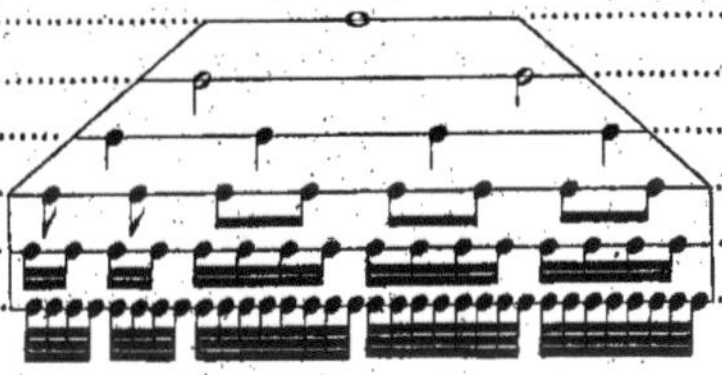

Exemple 2.

Valeur de la Blanche.......... Une Blanche..........
.... vaut 2 Noires..........
.... ou 4 Croches..........
.... ou 8 Doubles Croches..........
.... ou 16 Triples Croches..........

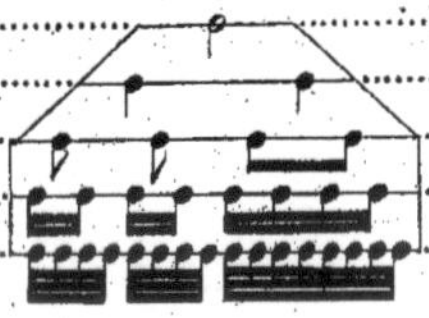

Exemple 3.

Valeur de la Noire.......... Une Noire..........
.... vaut 2 Croche..........
.... ou 4 Doubles Croches..........
.... ou 8 Triples Croches..........

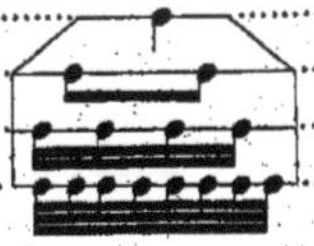

Exemple 4.

Valeur de la Croche .... Une Croche..........
.... vaut 2 Doubles Croches..........
.... ou 4 Triples Croches..........

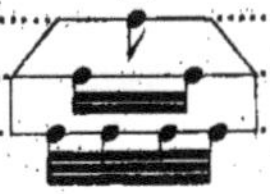

Exemple 5.

Valeur de la Double Croche.......... Une Double Croche ....
.... vaut 2 Triples Croches..........

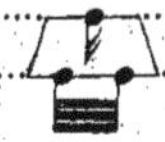

D. Que fait le point après une note quelconque?.....	R. Il augmente la Note de la moitié de sa valeur
D. Combien vaut une Ronde avec un point?.............	R. Trois Blanches ....(Exemple **1**)
D. Combien vaut une Blanche avec un point?...........	R. Trois Noires................(Exemple **2**)
D. Combien vaut une Noire avec un point?.............	R. Trois Croches..............(Exemple **3**)
D. Combien vaut une Croche avec un point?.............	R. Trois doubles Croches....(Exemple **4**)
D. Combien vaut une double Croche avec un point?......	R. Trois triples Croches......(Exemple **5**)

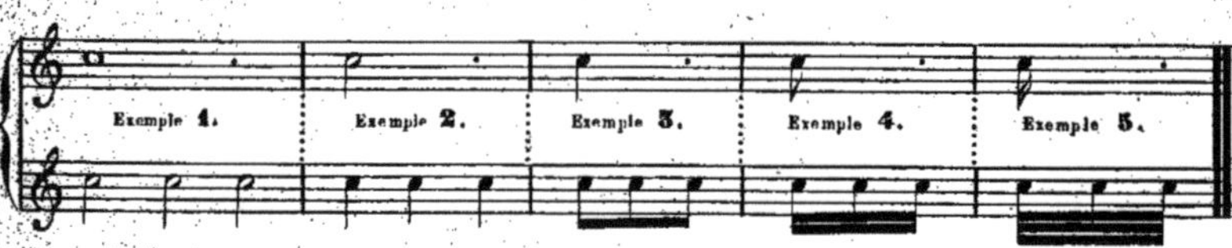

D. Comment nomme-t'on un Silence d'une Mesure?....	R. Une Pause...................(Ex. **1.**)
D. Comment nomme-t'on un Silence d'une demi Mesure?..	R. Une demi-pause............(Ex. **2.**)
D. Comment nomme-t'on un Silence d'une Noire?..........	R. Un Soupir...................(Ex. **3.**)
D. Comment nomme-t'on un Silence d'une Croche?.........	R. Un demi-Soupir............(Ex. **4.**)
D. Comment nomme-t'on un Silence d'une double Croche?..	R. Un quart de Soupir.........(Ex. **5.**)
D. Comment nomme-t'on un Silence d'une triple Croche?.......	R. Un Demi-quart de Soupir.(Ex. **6.**)
D. Comment marque-t'on un repos de deux Mesures?........	R. Par un seul signe que l'on nomme Bâton de deux Pauses (Ex. **7.**)
D. Comment marque-t'on un repos de quatre Mesures?.......	R. Par un seul signe que l'on nomme Bâton de quatre Pauses Ex. **8**

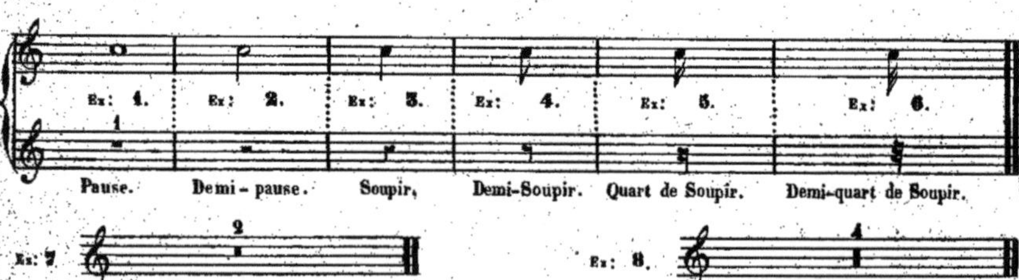

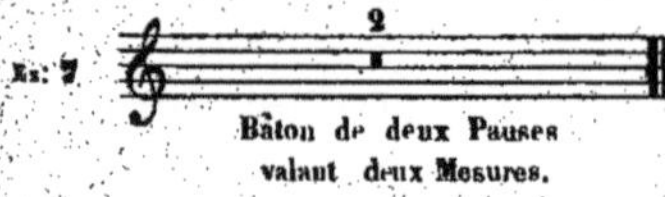

D. Combien y a t-il de mesure usitées? ....
R. Trois. La mesure à Quatre temps, la mesure à Deux-temps et la mesure à Trois-temps.

D. Comment se marque la mesure à Quatre-temps? ....
R. Par un **C** .... Ex. 1.

D. Comment se marque la Mesure à Deux temps? ....
R. Par le chiffre **2** (Ex: 2.) ou par le chiffre **2** avec un **4** dessous (Ex: 3.) ou par un **C** barré (Ex 4.)

D. Comment se marque la Mesure à Trois temps? ....
R. Par le chiffre **3** (Ex:5.) ou par le chiffre **3** avec un **4** dessous .... (Ex 6.)

ARTICLE 7me DES SIGNES DES MESURES COMPOSÉES DÉRIVÉES DU 6me ARTICLE.

D. Combien y a t-il de Mesures Composées? ....
R. Trois La Mesure à Douze huit la mesure à Six huit et la Mesure à Trois-huit. ....

D. Comment se marque la Mesure à Douze huit? ....
R. Par le chiffre **12** avec un **8** dessous .... (Ex. 1.)

D. Comment se marque la Mesure à Six-huit? ....
R. Par le chiffre **6** avec un **8** dessous .... (Ex. 2.)

D. Comment se marque la Mesure à Trois-huit? ....
R. Par le chiffre **3** avec un **8** dessous .... (Ex. 3.)

ARTICLE 8me POSITION DES DIÈSES.

D. Comment se posent les Dièses? .... — R. De Quinte en Quinte en montant
D. Ou se pose le premier? .... — R. Sur le Fa.
D. Ou se pose le second? .... — R. Sur l' Ut.
D. Ou se pose le troisième? .... — R. Sur le Sol.
D. Ou se pose le quatrième? .... — R. Sur le Ré.
D. Ou se pose le cinquième? .... — R. Sur le La.
D. Ou se pose le sixième? .... — R. Sur le Mi.
D. Ou se pose le septième? .... — R. Sur le Si.
D. Ou se pose le huitième? .... — R. Sur le Fa.

ARTICLE 9me POSITION DES BEMOLS.

D. Comment se posent les Bémols? .... — R. De Quinte en Quinte en descendant
D. Ou se pose le premier? .... — R. Sur le Si.
D. Ou se pose le second? .... — R. Sur le Mi.
D. Ou se pose le troisième? .... — R. Sur le La.
D. Ou se pose le quatrième? .... — R. Sur le Ré.
D. Ou se pose le cinquième? .... — R. Sur le Sol.
D. Ou se pose le sixième? .... — R. Sur l' Ut.
D. Ou se pose le septième? .... — R. Sur le Fa.
D. Ou se pose le huitième? .... — R. Sur le Si.

---

* Une Quinte est l'espace de cinq dégré.
(a) Le huitième Dièse est double et se nomme Double Dièse.
(b) Le huitième Bémol est double et se nomme Double Bémol.

FIGURE ET EFFET DU DIÈSE DU BÉMOL ET DU BÉCARRE.

Le Dièse se marque ainsi.................................... | Dièse..#
Le Bémol se marque ainsi.................................. | Bémol..♭
Le Bécarre se marque ainsi................................ | Bécarre..♮
D. Dans quel Mode sont les notes naturelles............ | R. Dans le ton d'Ut naturel.
D. Que fait le Dièse devant une note naturelle?......... | R. Il hausse la note d'un demi-ton mineur.
D. Que fait le Bémol devant une note naturelle?....... | R. Il baisse la note d'un demi ton mineur.
D. Comment faut-il que la note soit pour pouvoir mettre | ....
un Dièse ou un Bémol devant?............................. | R. Il faut que la note soit naturelle.
D. Que fait le Bécarre devant une note?.............. | R. Il remet la note dans son ton naturel.
D. Comment faut-il que la note soit pour pouvoir mettre | ....
un Bécarre devant?.. | R Il faut que la note soit Diésée ou Bémolisée

Note Naturelle.	La même note haussée d'un demi-ton par le moyen du Dièse	La note Diésée baissée d'un demi-ton par le moyen du Bécarre.
Note Naturelle.	La même note Diésée	La même note remise dans son ton naturel.
Note Naturelle.	La même note baissée d'un demi-ton par le moyen du Bémol.	La note Bémolisée haussée d'un demi-ton par le moyen du Bécarre.
Note Naturelle.	La même note Bémolisée.	La même note remise dans son ton naturel.

ARTICLE 11me

DE LA DISTINCTION DU MODE MAJEUR ET DU MODE MINEUR. *

D. Combien y a t'il de Modes............................ | R. Deux le mode Majeur et le Mode Mineur.
D. Quel est le modèle des tons Majeurs.................. | R. C'est le ton d'Ut naturel.
D. Quel est le modèle des tons Mineurs.................. | R. C'est le ton de La naturel.
D. Qu'entendez-vous par ton Naturel..................... | R. C'est lorsqu'il n'y a ni Dièses ni Bémols à la Clef.
D. Ou connait-on qu'un Mode est Majeur................. | R. Quand il y a deux tons du premier au troisième
.... | degré...................(Ex: 1.)
D. Où connait-on qu'un Mode est Mineur................. | R. Quand il n'y a qu'un ton et-demi du premier au
.... | troisième degré.....(Ex: 2.)

MODE MAJEUR.

Ex: 1. — 1er Dégré. — 2me Dégré. — 3me Dégré.
d'Ut à Ré un Ton — de Ré à Mi un ton

MODE MINEUR.

Ex: 2. — 1er Dégré. — 2me Dégré. — 3me Dégré.
de La à Si un Ton — de Si à Ut un Ton

(Nota) Mode, signifie l'union des trois sons principaux qui forment entr'eux l'accord le plus parfait, et qui font la base et la constitution de toute Musique.
Les trois sons principaux qui constituent le Mode sont, la Tonique ou premier dégré la Tierce ou troisième degré et la Dominante ou cinquième degré
Le Mode a deux genres, ou plutôt, il y a deux genres de mode, le Majeur et le Mineur.
C'est toujours la Tierce majeure qui caractérise le Mode majeur, et c'est toujours la Tierce mineure qui caractérise le Mode mineur
(Voyez l'Article 11 ci-dessus)

ARTICLE 12ᵐᵉ

DU NOMBRE DE DIÈSES QU'IL FAUT A CHAQUE TON, AVEC SON TON RELATIF.*

D. Dans quel ton est-on lorsqu'il n'y a ni Dièses ni Bémols à la Clef ?.............................	R. En Ut majeur ou en La mineur...... (Ex. 1.)
D. Dans quel ton est-on avec un Dièse à la Clef ?	R. En Sol majeur ou en Mi mineur...... (Ex. 2.)
D. Et avec deux Dièses ?...........................	R. En Re majeur ou en Si mineur....... (Ex. 3.)
D. Et avec trois Dièses ?...........................	R. En La majeur ou en Fa # mineur..... (Ex. 4.)
D. Et avec quatre Dièses ?.........................	R. En Mi majeur ou en Ut # mineur.... (Ex. 5.)
D. Et avec cinq Dièses ?...........................	R. En Si majeur ou en Sol # mineur.... (Ex. 6.)
D. Et avec six Dièses ?.............................	R. En Fa # majeur ou en Re # mineur... (Ex. 7.)
D. Et avec sept Dièses ?...........................	R. En Ut # majeur ou en La # mineur... (Ex. 8.)

(Nota.) Les deux derniers tons sont rarement usités.

ARTICLE 13ᵐᵉ

DU NOMBRE DE BÉMOLS QU'IL FAUT A CHAQUE TON, AVEC SON TON RELATIF.

D. Dans quel ton est-on avec un Bémol à la Clef ?...	R. En Fa majeur ou en Ré mineur.......... (Ex. 1.)
D. Et avec deux Bémols ?.................................	R. En Si ♭ majeur ou en Sol mineur....... (Ex. 2.)
D. Et avec trois Bémols ?................................	R. En Mi ♭ majeur ou en Ut mineur........ (Ex. 3.)
D. Et avec quatre Bémols ?..............................	R. En La ♭ majeur ou en Fa mineur....... (Ex. 4.)
D. Et avec cinq Bémols ?................................	R. En Ré ♭ majeur ou en Si ♭ mineur...... (Ex. 5.)
D. Et avec six Bémols ?..................................	R. En Sol ♭ majeur ou en Mi ♭ mineur...... (Ex. 6.)
D. Et avec sept Bémols ?................................	R. En Ut ♭ majeur ou en La ♭ mineur...... (Ex. 7.)

(Nota.) Les deux derniers tons sont rarement usités.

* On appelle un ton, relatif d'un autre ton, lorsqu'il est désigné à la clef par la même quantité de Dièses ou de Bémols. Ainsi le ton du Mi est relatif de Sol majeur vu qu'ils sont tous deux désignés à la clef par le même signe. Il en est de même des autres tons. (Voyez les exemples ci-dessus.)

POUR CONNAÎTRE LA TONIQUE DANS LES MODES MAJEURS ET MINEURS AVEC DES DIÈSES.

D. Dans les Modes Majeurs avec des Dièses où se pose la Tonique ?..................	R. Un degré audessus du dernier Dièse posé à la clef......................... (Ex. 1.)
D. Dans les Modes Mineurs avec des Dièses où se pose la Tonique ?..................	R. Un degré audessous du dernier Dièse posé à la clef......................... (Ex. 2.)

TABLEAU DE TOUS LES MODES MAJEURS AVEC DES DIÈSES

Ex...1.

Remarquez que chaque Tonique est toujours posée un degré audessus du dernier Dièse

TABLEAU DE TOUS LES MODES MINEURS AVEC DES DIÈSES.

Ex...2.

Remarquez que chaque Tonique est toujours posée un degré audessous du dernier Dièse

POUR CONNAÎTRE LA TONIQUE DANS LES MODES MAJEURS ET MINEURS AVEC DES BÉMOLS.

D. Dans les Modes Majeurs avec des Bémols où se pose la Tonique ?..................	R. Quatre degrés audessous du dernier Bémol posé à la clef......................... (Ex. 1.)
D. Dans les Modes Mineurs avec des Bémols où se pose la Tonique ?..................	R. Six degrés au dessous du dernier Bémol posé à la clef......................... (Ex. 2.)

TABLEAU DE TOUS LES MODES MAJEURS AVEC DES BÉMOLS.

Ex...1.

Remarquez que chaque Tonique est toujours posée quatre degrés audessous du dernier Bémol

TABLEAU DE TOUS LES MODES MINEURS AVEC DES BÉMOLS.

Ex...2.

Remarquez que chaque Tonique est toujours posée six degrés audessous du dernier Bémol

D. Combien y a t'il de notes dans la Gamme?...... | R. Huit.
D. Combien les huit notes font elles de degrés ?........ | R. Huit.

GAMME DU TON D'UT SERVANT DE RÈGLE POUR TOUS LES TONS.

D. Quel est le premier degré d'un Mode quelconque?.. | R. C'est toujours la Tonique
D. Quel est la Tonique ou premier degré du ton d'Ut?... | R. C'est l'Ut.
D. Quel est le second............................. | R. C'est le Ré.
D. Quel est le troisième........................... | R. C'est le Mi.
D. Quel est le quatrième.......................... | R. C'est le Fa.
D. Quel est le cinquième.......................... | R. C'est le Sol.
D. Quel est le sixième............................ | R. C'est le La.
D. Quel est le septième........................... | R. C'est le Si.
D. Quel est le huitième........................... | R. C'est l'Ut.

SUITE DE L'ARTICLE 16.me

D. Est-il nécessaire de nommer l'octave huitième degré | R. Il est indifférent de nommer l'octave huitième ou premier dégré vu que l'octave n'est que la répétition du premier dégré que l'on appelle Tonique.

GAMME DU TON D'UT.

1.er Degré. 2.e 3.e 4.e 5.e 6.e 7.e 8.e ou 1.er Degré.

GAMME DU TON DE SOL.

1.er Degré. 2.e 3.e 4.e 5.e 6.e 7.e 8.e ou 1.er Degré

Le même ordre subsiste dans toutes les Gammes comme dans les deux ci-dessus.

ARTICLE 17.me DES DEUX GENRES DE DEMI-TONS ET LA MANIÈRE DE LES DISTINGUER.

D. Combien y a-t'il de sortes de demi-tons ?......... | R. Deux. Le demi-ton Majeur et le demi-ton Mineur.
D. Comment connait-on le demi-ton Majeur?......... | R. C'est lorsque deux notes sont placées l'une, sur la ligne et l'autre dans l'intervalle le plus prochain. (Ex. 1. 2. 3. 4.)
D. Comment connait-on le demi-ton Mineur?......... | R. C'est lorsque deux notes sont sur la même ligne ou sur le même intervalle par le moyen du Dièse ou du Bémol. (Ex. 5. 6. 7. 8.)

Ex:..........1. Ex:......2. Ex:......3. Ex:......4.

Demi-ton Majeur. Demi-ton Majeur. Demi-ton Majeur. Demi-ton Majeur.

Ex:......5. Ex:........6. Ex:........7. Ex:.......8.

Demi-ton Mineur. Demi-ton Mineur. Demi-ton Mineur. Demi-ton Mineur.

Le demi-ton majeur se fait par l'emploi de deux notes, soit en montant soit en descendant par degrés conjoints, comme de Si à Ut, de Ré à Mi bémol, de Fa dièse à Sol naturel ou de Si bémol à La naturel Voyez les exemples ci-dessus (1. 2. 3 et 4.) Le demi-ton mineur s'opère, en faisant passer la même note successivement du naturel au dièse, du dièse au naturel, du bémol au naturel, ou du naturel au bémol. Voyez les Exemples ci-dessus 5. 6. 7 et 8.

Si je nomme demi-ton majeur l'intervalle de Si à Ut, de Ré a Mi♭, de Fa♯ a Sol naturel etc. et demi-ton mineur l'intervalle d'Ut à Ut♯ de Ré♯ à Ré naturel de Si♭à Si naturel etc, ce n'est que pour me conformer au principe établi et reçu depuis longtemps et, afin d'être entendu de tout le monde. Je sais que l'on pourrait envisager ces deux intervalles d'une manière toute opposée, mais pour en donner la preuve il faudrait entrer dans un détail étranger à cet ouvrage.

ARTICLE 18me

DISTANCES DES NOTES DANS L'ORDRE NATUREL.

D. Comment nomme t'on deux notes sur le même degré, je suppose Ut et Ut? ... R. Unisson .... (Ex. 1.)

D. Comment nomme t'on la distance d'Ut à Ré? .... R. Seconde .... (Ex. 2.)

D. Et la distance d'Ut à Mi? .... R. Tierce .... (Ex. 3.)

D. Et d'Ut à Fa? .... R. Quarte .... (Ex. 4.)

D. Et d'Ut à Sol? .... R. Quinte .... (Ex. 5.)

D. Et d'Ut à La? .... R. Sixte .... (Ex. 6.)

D. Et d'Ut à Si? .... R. Septième .... (Ex. 7.)

D. Et d'Ut à Ut? .... R. Octave .... (Ex. 8.)

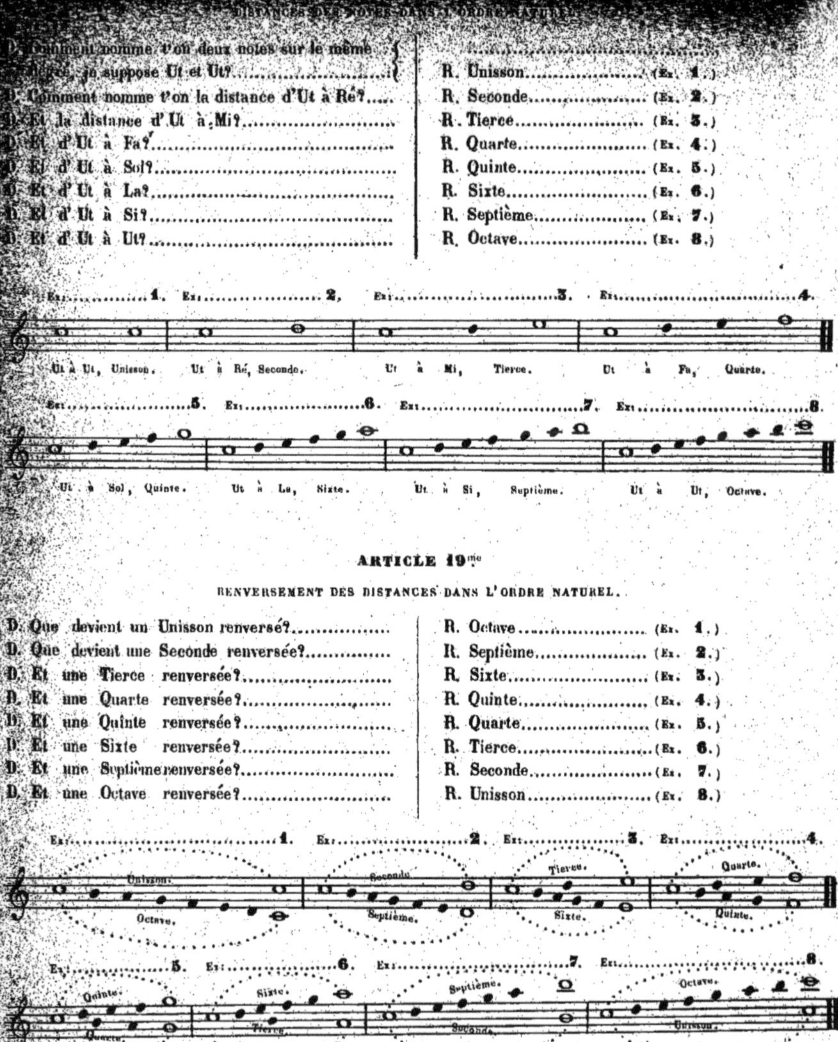

ARTICLE 19me

RENVERSEMENT DES DISTANCES DANS L'ORDRE NATUREL.

D. Que devient un Unisson renversé? .... R. Octave .... (Ex. 1.)

D. Que devient une Seconde renversée? .... R. Septième .... (Ex. 2.)

D. Et une Tierce renversée? .... R. Sixte .... (Ex. 3.)

D. Et une Quarte renversée? .... R. Quinte .... (Ex. 4.)

D. Et une Quinte renversée? .... R. Quarte .... (Ex. 5.)

D. Et une Sixte renversée? .... R. Tierce .... (Ex. 6.)

D. Et une Septième renversée? .... R. Seconde .... (Ex. 7.)

D. Et une Octave renversée? .... R. Unisson .... (Ex. 8.)

POUR SAVOIR DE QUOI SONT COMPOSÉES TOUTES LES DISTANCES.

D. De quoi est composée une Seconde Mineure?..... R. D'un demi-ton............................(Ex. 1.)
D. Et une Seconde Majeure?..................... R. D'un ton...............................(Ex. 2.)
D. Et une Seconde Superflue?................... R. D'un ton et d'un demi-ton.............(Ex. 3.)

D. De quoi est composée une Tierce Diminuée?...... R. De deux demi-tons.....................(Ex. 4.)
D. Et une Tierce Mineure?...................... R. D'un ton et d'un demi-ton.............(Ex. 5.)
D. Et une Tierce Majeure?...................... R. De deux tons..........................(Ex. 6.)

D. De quoi est composée une Quarte Diminuée?.... R. D'un ton et deux demi-tons............(Ex. 7.)
D. Et une Quarte Juste?........................ R. De deux tons et d'un demi-ton.........(Ex. 8.)
D. Et une Quarte Superflue?.................... R. De trois tons.........................(Ex. 9.)

D. De quoi est composée une Quinte Diminuée?.... R. De deux tons et deux demi-tons........(Ex. 10.)
D. Et une Quinte Juste?........................ R. De trois tons et un demi-ton..........(Ex. 11.)
Et une Quinte Superflue?...................... R. De trois tons et deux demi-tons.......(Ex. 12.)

D. De quoi est composée une Sixte Mineure?...... R. De trois tons et deux demi-tons.......(Ex. 13.)
D. Et une Sixte Majeure?....................... R. De quatre tons et un demi-ton.........(Ex. 14.)
D. Et une Sixte superflue?..................... R. De quatre tons et deux demi-tons....(Ex. 15.)

D. De quoi est composée une Septième Diminuée?.. R. De trois tons et trois demi-tons......(Ex. 16.)
D. Et une Septième Mineure?.................... R. De quatre tons et deux demi-tons...(Ex. 17.)
D. Et une Septième Majeure?................... R. De cinq tons et d'un demi-ton.......(Ex. 18.)

D. De quoi est composé l'Octave?.................. R. De cinq tons et deux demi-tons.........(Ex. 19.)

Cet intervalle ne s'altère point.

EXEMPLES.

Pour savoir ce que deviennent toutes les distances renversées, du Mineur au Majeur, et du superflu au diminué.

D. Que devient une Seconde Mineure renversée?..........	R. Une Septième Majeure.......... (Ex: 1.)
D. Que devient une Seconde Majeure renversée?..........	R. Une Septième Mineure.......... (Ex: 2.)
D. Que devient une Seconde Superflue renversée?......	R. Une Septième Diminuée......... (Ex: 3.)
D. Que devient une Tierce Diminuée renversée?.........	R. Une Sixte Superflue........... (Ex: 4.)
D. Que devient une Tierce Mineure renversée?..........	R. Une Sixte Majeure............. (Ex: 5.)
D. Que devient une Tierce Majeure renversée?..........	R. Une Sixte Mineure............. (Ex: 6.)
D. Que devient une Quarte Diminuée renversée?.......	R. Une Quinte Superflue.......... (Ex: 7.)
D. Que devient une Quarte renversée?......	R. Une Quinte Juste.............. (Ex: 8.)
D. Que devient une Quarte Superflue renversée?........	R. Une Quinte Diminuée.......... (Ex: 9.)
D. Que devient une Quinte Diminuée renversée?......	R. Une Quarte Superflue.......... (Ex: 10.)
D. Que devient une Quinte renversée?......	R. Une Quarte Juste.............. (Ex: 11.)
D. Que devient une Quinte Superflue renversée?......	R. Une Quarte Diminuée.......... (Ex: 12.)
D. Que devient une Sixte Mineure renversée?.......	R. Une Tierce Majeure............ (Ex: 13.)
D. Que devient une Sixte Majeure renversée?.......	R. Une Tierce Mineure............ (Ex: 14.)
D. Que devient une Sixte Superflue renversée?.........	R. Une Tierce Diminuée........... (Ex: 15.)
D. Que devient une Septième Diminuée renversée?....	R. Une Seconde Superflue.......... (Ex: 16.)
D. Que devient une Septième Mineure renversée?......	R. Une Seconde Majeure.......... (Ex: 17.)
D. Que devient une Septième Majeure renversée?.....	R. Une Seconde Mineure.......... (Ex: 18.)

EXEMPLES.

ARTICLE 22me

Règle pour savoir ce qu'il faut faire pour passer d'un ton Mineur à son Majeur et d'un ton Majeur à son Mineur, par le moyen de trois Dièses.

D. Dans quel mode est le ton de La naturel lorsqu'il n'y a ni Dièses ni Bémols à la Clef?..............

R. Dans le mode Mineur..............

D. Que faut-il faire pour passer de La Mineur à son Majeur?..............

R. Ajouter trois Dièses à la clef......(Ex. 1.)

D. Que faut-il faire, (règle générale,) dans tous les tons Mineurs avec des Dièses pour les rendre Majeurs?

R. Toujours ajouter trois Dièses au nombre qui se trouve à la clef..............(Ex. 2. 3. 4. 5.)

D. Que faut-il faire dans tous les tons Majeurs avec des Dièses pour les rendre Mineurs?..............

R. Toujours retrancher trois Dièses à la clef (Ex. 6. 7. 8. 9.)

D. Comment retrancher trois Dièses de la clef dans le ton de Ré Majeur qui n'en a que deux?..............

R. Il faut retrancher les trois Dièses qui sont à la clef et substituer un Bémol en leur place.......(Ex. 10.)

D. Comment retrancher trois Dièses de la clef dans le ton de Sol Majeur qui n'en a qu'un?..............

R. Il faut retrancher le Dièse qui est à la clef et substituer deux Bémols en sa place..........(Ex. 11.)

EXEMPLES.

du Mineur au Majeur.

Ex:.....................1.

du Mineur au Majeur.　du Mineur au Majeur.　du Mineur au Majeur.　du Mineur au Majeur.

Ex:..............2.　Ex:..............3.　Ex:..............4.　Ex:..............5.

du Majeur au Mineur.　du Majeur au Mineur.　du Majeur au Mineur.　du Majeur au Mineur.

Ex:..............6.　Ex:..............7.　Ex:..............8.　Ex:..............9.

du Majeur au Mineur.

Ex:..............10.

du Majeur au Mineur.

Ex:..............11.

Règle pour savoir ce qu'il faut faire pour passer d'un ton Majeur à son mineur, et d'un Mineur à son Majeur par le moyen de trois Bémols.

D. Dans quel mode est le ton d'Ut naturel?.............

R. Dans le mode Majeur.

D. Que faut-il faire pour passer du ton d'Ut Majeur à son Mineur?.............................

R. Il faut ajouter trois Bémols à la clef... (Ex. 1.)

D. Que faut-il faire (règle générale) dans tous les tons Majeurs avec des Bémols pour les rendre Mineurs?

R. Il faut toujours ajouter trois Bémols au nombre qui se trouve à la clef.................. (Ex: 2. 3. 4. 5.)

D. Que faut-il faire dans tous les tons Mineurs avec des Bémols pour les rendre Majeurs?...............

R. Il faut toujours retrancher trois Bémols au nombre qui se trouve à la clef................. (Ex: 6. 7. 8. 9.)

D. Comment retrancher de la clef trois Bémols dans le ton de Sol Mineur qui n'en a que deux?...........

R. Il faut retrancher les deux Bémols qui sont à la clef et substituer un Dièse en leur place. (Ex: 10.)

D. Comment retrancher de la clef trois Bémols dans le ton de Ré Mineur qui n'en a qu'un?...........

R. Il faut retrancher le Bémol qui est à la clef et substituer deux Dièses en sa place.. (Ex: 11.)

EXEMPLES.

du Majeur au Mineur.

du Majeur au Mineur.   du Majeur au Mineur.   du Majeur au Mineur.   du Majeur au Mineur.

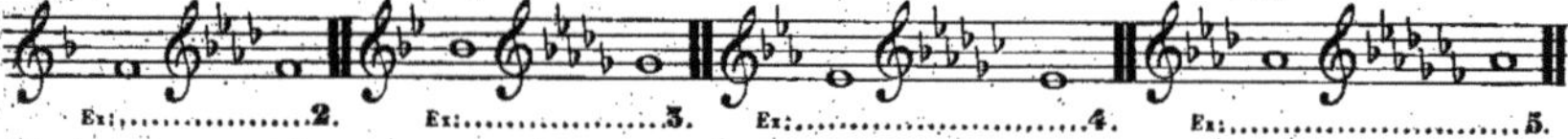

du Mineur au Majeur.   du Mineur au Mineur.   du Mineur au Majeur.   du Mineur au Majeur.

du Mineur au Majeur.

du Majeur au Mineur.

ARTICLE 24ᵐᵉ

DES CARACTÈRES ACCIDENTELS.

D. Combien y a-t-il de caractères qui puissent être accidentels?..........

R. Trois : le Dièse, le Double Dièse et le Bécarre..........

D. Qu'entendez-vous par caractères accidentels?....

R. Ce sont des caractères qui ne sont pas à la clef

D. Dans quels modes ces caractères sont-ils accidentels?

R. Dans tous les modes Mineurs

D. A quoi sert le Dièse accidentel?..................

R. A hausser le septième degré d'un demi-ton

D. A quoi sert le double Dièse accidentel?..........

R. A hausser d'un demi-ton le septième degré qui est déjà Dièse à la clef

D. A quoi sert le Bécarre accidentel?..............

R. A hausser d'un demi-ton le septième degré qui est Bémolisé à la clef

D. Pourquoi hausse-t-on toujours le septième degré dans les modes Mineurs?..........

R. Pour le rendre note sensible..........

(Remarque) Dans tous les tons mineurs avec des dièses, le dièse accidentel n'a lieu que lorsqu'il y a depuis un jusqu'à quatre dièses à la clef; sitôt qu'il y en a cinq, il faut avoir recours au double dièse pour hausser le septième degré qui se trouve déjà dièse à la clef. Dans les tons mineurs avec des bémols, il n'y a que deux tons dont la note sensible puisse être caractérisée au moyen du dièse accidentel. Sitôt qu'il y a trois bémols à la clef, il faut avoir recours au bécarre pour hausser le septième degré qui est bémolisé à la clef. (Voyez les exemples ci-dessous)

EXEMPLE DU DIÈSE, DU DOUBLE DIÈSE ET DU BÉCARRE ACCIDENTELS PLACÉS

EN TÊTE DE TOUS LES TONS MINEURS

MODÈLE DES TONS MINEURS

Le Port de voix, que l'on nomme aussi note de goût, note d'agrément, ou petite note, est désigné par une note plus petite que les autres. La petite note ne se nomme point en solfiant, on la fait seulement sentir ou entendre en nommant la note avec laquelle elle est liée.

On verra dans les exemples suivants l'emploi de la petite note sur tous les intervalles praticables.

Les Notes détachées sont quelquefois désignées par des petits points ou des petites barres que l'on met au dessus.

Les Notes coulées, ou liées, ou syncopées sont désignées par ce signe ⌒ (Voyez les exemples ci-après.

Les quatre signes marqués ci-après, servent à séparer les reprises d'un morceau de musique. Le premier signe qui n'a pas de points, marque qu'il faut aller de suite; le second qui a des points à gauche, marque qu'il faut dire deux fois la première reprise; le troisième qui a des points à droite, marque qu'il faut dire deux fois la seconde reprise; le quatrième qui a des points des deux côtés, marque qu'il faut dire deux fois chaque reprise.

Le Renvoi $\%$ sert à ramener de la fin d'un morceau de musique au commencement. On met toujours deux Renvois, le second ramène au premier. Ex:

Le Point d'orgue que l'on nomme aussi fermat ou point d'arrêt est un repos que l'on fait plus ou moins long. Pendant ce repos la partie récitante, (s'il y en a une,) a quelquefois le loisir de faire différents passages à sa volonté. Dans d'autres cas le Point d'orgue est un repos général (Ex:

LE GUIDON. est un signe qui se met ordinairement à la fin de chaque portée, et qui sert à indiquer la première note de la portée qui suit.

Le signe marqué ainsi sert à indiquer qu'il faut augmenter les sons

Le signe marqué ainsi sert à indiquer qu'il faut diminuer les sons

Et le signe marqué ainsi sert à indiquer qu'il faut augmenter le son jusqu'au milieu et ensuite le diminuer

La Cadence se fait par le moyen de deux notes que l'on fait entendre successivement: le battement de ces deux notes prend ordinairement son appui sur la pénultième note d'une phrase musicale.

Il y a deux sortes de Cadences; l'une est la Cadence pleine elle consiste à ne commencer le battement de voix qu'après en avoir appuyé la note supérieure; l'autre s'appelle Cadence brisée, et l'on y fait le battement de voix sans aucune préparation.

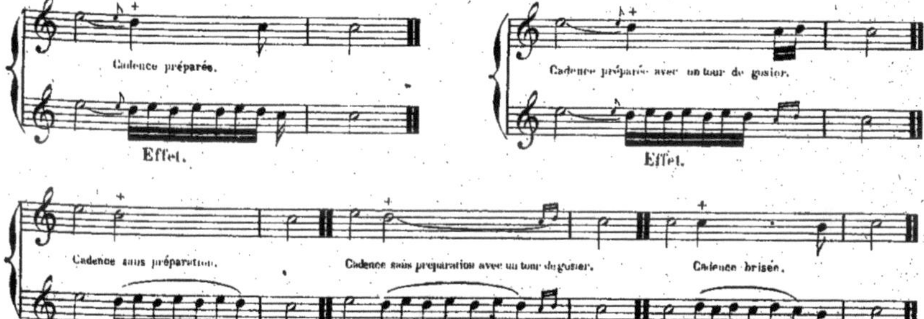

FIN DES AGRÉMENS DE CHANT.

OBSERVATION.

Lorsque j'ai fait les leçons sur les Clefs d'Ut et sur la Clef de Fa, mon dessein n'a pas été de fatiguer inutilement les écoliers par une nouvelle étude, mais seulement de leur faciliter les moyens de les apprendre sans beaucoup de difficultés, et en peu de temps; c'est pourquoi j'ai choisi de préférence le genre des petits airs, comme moins ennuyeux, et non moins utile pour ce genre d'étude.

LISTES DES TERMES ITALIENS LES PLUS USITÉS, POUR L'INDICATION DES MOUVEMENTS.

TERMES ITALIENS.	SIGNIFICATIONS.	TERMES ITALIENS.	SIGNIFICATIONS.
LARGO	Largement. C'est le plus lent de tous les mouvements.	ALLEGRO	Gai.
LARGHETTO	Un peu moins lent que Largo.	ALLEGRETTO	Moins vite qu'Allegro.
ADAGIO	Aller posément, et moins lent que Largo.	VIVACE	Gai et animé.
GRAVE ou Gravement	Lenteur dans le mouvement, et de plus une certaine gravité dans l'exécution.	PRESTO	Vite.
AFFETTUOSO	Mouvement moyen entre l'Andante et l'Adagio et dans le caractère du chant une expression affectueuse et douce.	PRESTISSIMO	Très vite.
		CANTABILE	Chanter aisément et sans se presser.
		DOLCE	Doux.
AMOROSO	Tendrement. C'est un mouvement lent et doux.	PIANO	Doux. On le marque par un P.
ANDANTE	Allant. Il caractérise un mouvement marqué sans être gai, et qui répond, à-peu-près, à celui que l'on désigne en Français par le mot Gracieusement.	PIANISSIMO	Très doux. On le marque par deux PP.
		MEZZO FORTE	A demi-jeu.
		MEZZO VOCE	A demi-voix.
		FORTE	Fort. On le marque par une f.
ANDANTINO	Un peu moins de gaité dans ce mouvement que dans celui de l'Andante.	FORTISSIMO	Très fort. On le marque par deux ff.
MODERATO	Modéré. C'est un mouvement moyen entre le lent et le gai il répond à l'Andante.	SOTTO VOCE	Chanter à demi voix, ou jouer a demi-jeu
		RINFORZANDO	Enfler le son subitement. On le marque par cet abrégé; *Rinf ou rf.*
		SOSTENUTO	Soutenir le son
		SMORZANDO	Laisser mourir le son peu-à-peu
GRAZIOSO	Gracieusement.	SOLO	Seul.

PROPOSITION D'UN NOUVEAU GENRE.

QUI SERVE A DISTINGUER SANS DIFFICULTÉ LE MODE MAJEUR D'AVEC LE MODE MINEUR.

Tous les Musiciens savent que, lorsqu'il n'y a ni Dièses ni Bémols à la clef, l'on est en Ut majeur, ou en La mineur; mais lequel des deux? c'est une difficulté à résoudre. Si un morceau de musique est en Ut majeur, il peut commencer par Ut, ou Mi, ou Sol. Si le morceau est en La mineur; il peut commencer par La, ou Ut, ou Mi; mais si le morceau commence par Ut et Mi, ces deux notes appartiennent indistinctement au ton d'Ut et au ton de La; il faut avoir recours à l'enchainement des premières phrases pour résoudre la question. Beaucoup d'écoliers regardent la dernière note du morceau pour en connaitre le ton, ce moyen serait bon si toutes les parties finissaient par la tonique, mais le second violon finit souvent par la tierce, l'Alto finit tantôt par la tierce ou par la quinte; le premier violon même, finit quelquefois par la tonique, la tierce et la quinte en même temps. Il faudrait donc pour qu'il ne restât aucun doute sur le ton, avoir un signe général et certain, qui le désigna d'une manière sensible et claire. Celui que je propose est de mettre en tête de chaque morceau de musique, (avant de poser la première clef,) le caractère accidentel, qui sert à distinguer la note sensible, dans les tons mineurs seulement.

Dans les tons majeurs par dièses, la note sensible est toujours le dernier dièse posé après la clef, et dans les tons majeurs par bémols, la note sensible est toujours une note naturelle,(*) au lieu que dans les tons mineurs par dièses la note sensible ne se fait voir ou entendre, qu'au moyen d'un dièse ou d'un double-dièse étranger que l'on emprunte, vu qu'il n'est pas posé après la clef. De même dans les tons mineurs par bémols, la note sensible ne se fait entendre ou voir, qu'au moyen d'un dièse ou d'un bécarre que l'on emprunte, vu qu'il n'est pas posé à la clef. C'est ce signe que je propose de mettre devant la clef à la tête de tous les tons mineurs. (Voyez l'exemple général que j'en donne Page 35.)

Il résulte de ma proposition que mettant toujours en tête d'un morceau de musique le caractère ou signe accidentel qui détermine la note sensible soit devant la clef pour les tons mineurs ou après la clef pour les tons majeurs; il résulte dis-je, qu'un écolier même le moins avancé saura connaitre du premier coup d'œil ce qu'il ne peut apprendre et concevoir que par une longue habitude.

(*) Excepté le cas où l'on voudrait mettre sept bémols à la clef chose inusitée.

ÉTENDUE DU CLAVIER

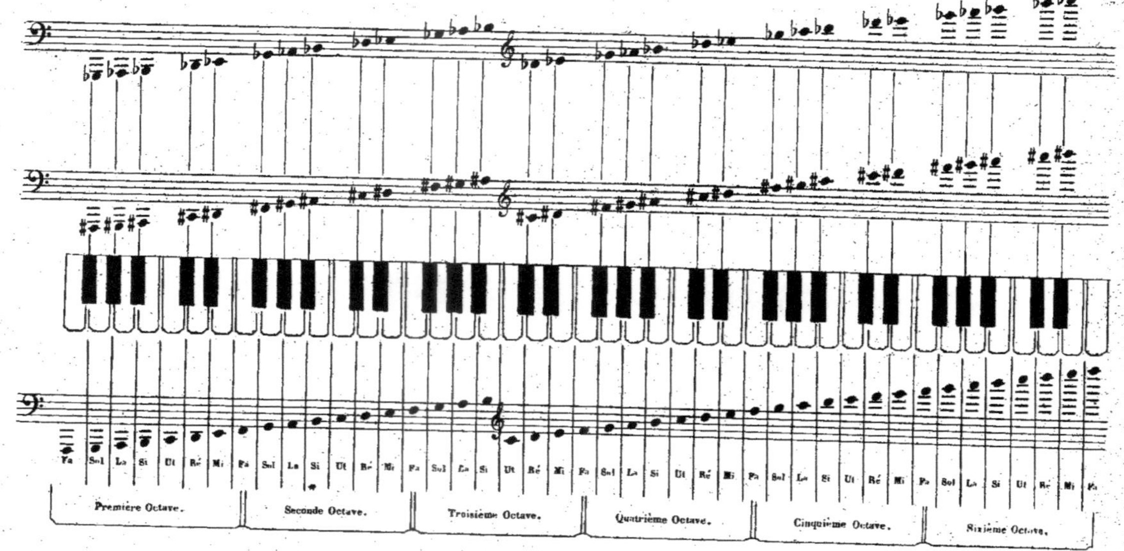

SOLFÈGE DE RODOLPHE

AVEC ACCOMPAGNEMENT DE PIANO

PAR

GABRIEL-MARIE.

Paris, MARGUERITAT, Ed.Bonlt Bonne - Nouvelle 21.

Gamme par Rondes, Blanches, Noires, alternativement.
N° 5.
Gamme par Blanches, Noires et Croches, alternativement.
N° 6.
Gamme pour apprendre a commencer en levant.
N° 7.
Gamme avec deux Blanches sur le même degré.
N° 8.

Gamme par notes syncopées.
N.º 9.
Gamme par intervalle de seconde.
N.º 10.

Gamme par intervalle de tierce.

Nº 11.

Résumé de la précédente.

Nº 12.

Gamme par intervalle de quarte.
N.º 13.

Gamme par intervalle de quinte.
N° 15

Résumé de la précédente.
N.º 16.
Gamme par intervalle de sixte.
N.º 17.

Résumé de la Précédente.
Nº 18.
Gamme par intervalle de septième.
Nº 19.

Résumé de la précédente.
N.º 20.
Gamme par intervalle d'octave.
N.º 21.

Résumé de la précédente.
N° 22.
Leçon renfermant tout les intervalles.
N° 23.

Résumé de la précédente.
N.º 24.

Leçon pour se familiariser avec l'intervalle de quinte diminuée.

N.° 25

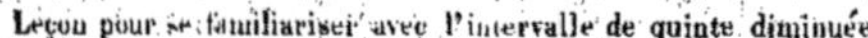
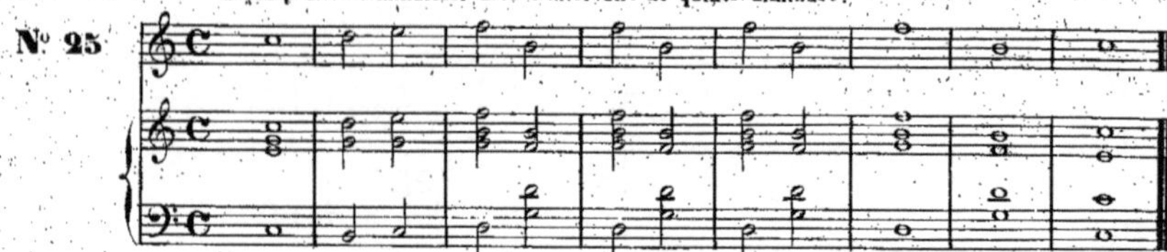

Leçon pour se familiariser avec l'intervalle de quarte augmentée.

N.° 26

Leçon par tierces de ligne en ligne.

N.° 28

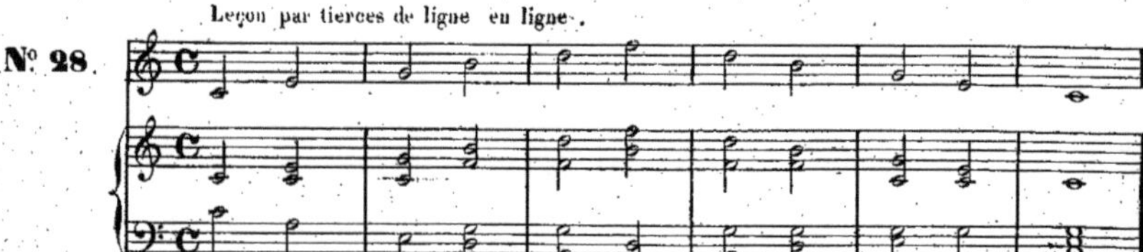

Leçon par tierces d'espace en espace.

N.° 29

Leçon par tierces, octaves et dixièmes.

N.° 30

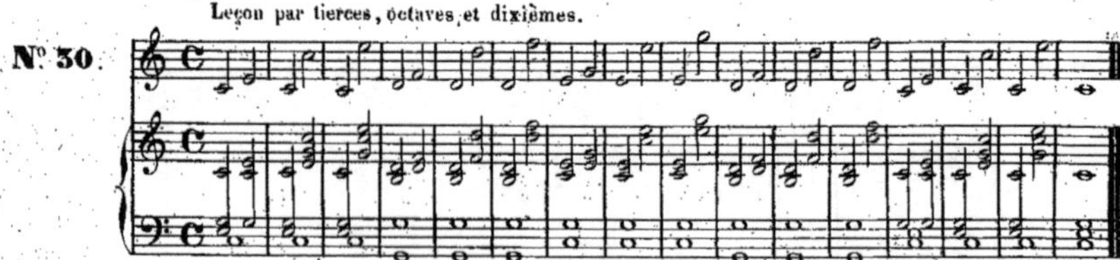

(N.° 27 de l'Édition Originale Supprimé.)

Leçon par tierces et dixièmes (ou octave de la tierce.)
N.° 31. 
Leçon avec des Rondes.
N.° 32. 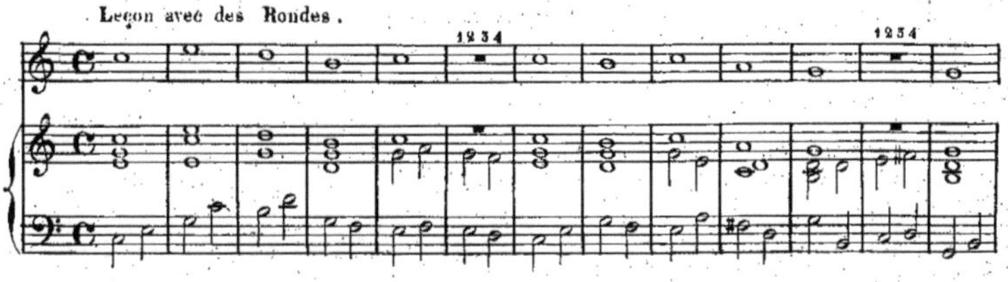 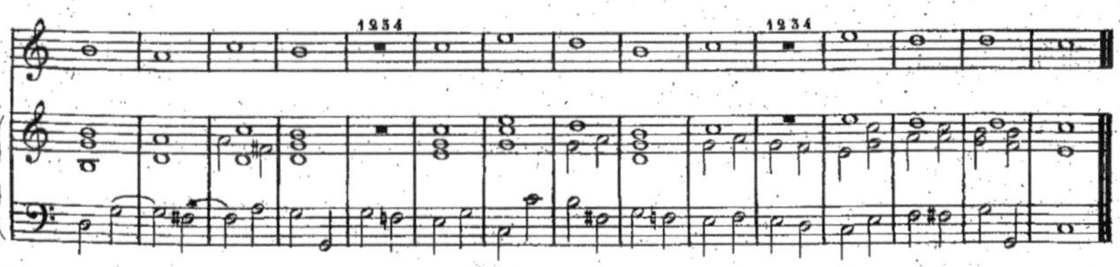
1234
1234
1234
1234
Leçon avec des Blanches.
N.° 33.
1234
1234
1234
1234

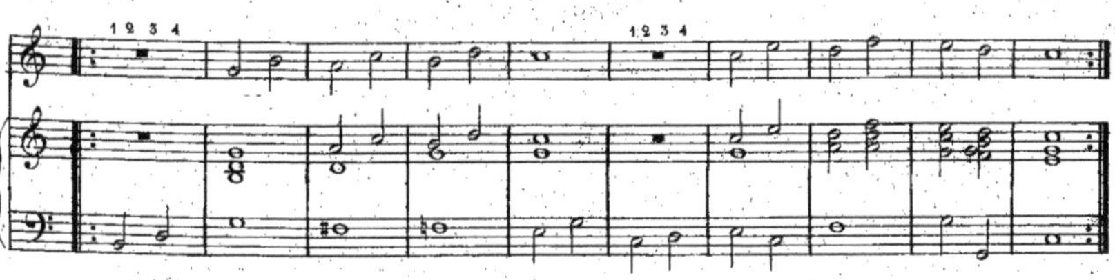

14

Leçon avec des noires.
N° 34.
Leçon avec des Croches.
N° 35.
Rondes et Blanches.
N° 36.

Rondes et Noires.
N.° 37.
1234
1234

Rondes et Croches.
N.º 38.
1 2 3 4
1 2 3 4
1 2 3 4
1 2 3 4
1 2 3 4

Rondes, Blanches et Noires.

N.º 39.

Rondes, Blanches, Noires et Croches.

N.º 40.

Leçon avec une blanche et quatre Croches.
Nº 41.
1ª
2ª
Leçon avec une longue et deux brèves.
Nº 42.

Réduction de la précédente leçon, en Noires et en Croches.
N.º 43.
1ᵃ
2ᵃ
Leçon avec deux brèves et une longue.
N.º 44.

Réduction de la leçon précédente.

N.ᵒ 45.

Leçon pour observer la valeur du point après une Blanche

FIN.

Réduction de la précédente.

N.ᵒ 47.

FIN.

Leçon avec des Noires pointées des Croches et des Blanches.
FIN.
N.º 48.
Réduction de la leçon précédente.
FIN.
N.º 49.
Leçon pour observer le silence du premier temps de la mesure.
N.º 50.

La même leçon réduite en noires pour observer le soupir.

Nᵒ 51.

La même leçon réduite en croches pour observer le demi soupir.

Nᵒ 52.

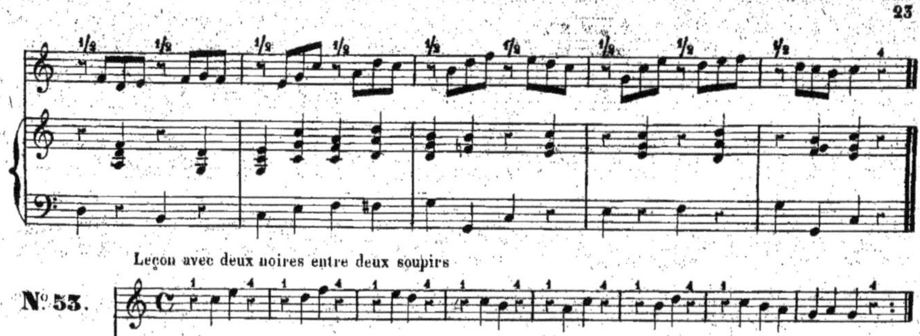

Leçon avec deux noires entre deux soupirs

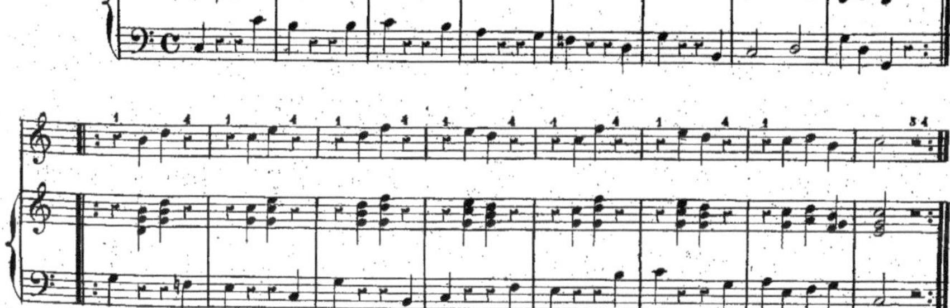

Réduction de la précédente.

Leçon avec des croches et un silence, au commencement et à la fin de chaque mesure.
N°.55.
Leçon avec deux Rondes sur le même dégré faisant liaison et syncope.
1 2 3 4
N°.56.
Réduction de la leçon 56.
N°.57.

Réduction de la leçon 57.
N.º 58.
Réduction de la leçon 58.
N.º 59.
Résumé des quatre leçons précédentes.
N.º 60.
Leçon avec une Blanche faisant syncope entre deux noires.
N.º 61.
Réduction de la leçon précédente.
N.º 62.

Résumé des deux leçons précédentes.
N.º 63.
5 4
3 4
5 4
Leçon pour la mesure à trois temps avec une Blanche pointée.
N.º 64.
FIN.
D.C.
Leçon avec une longue et une brève.
N.º 65.

Leçon inverse de la précédente.
N° 66.
Résumé des deux leçon précédentes:
N° 67.

SUJET.
suivez.
1.re Variation.
suivez.
2.me Variation.
suivez.
3.me Variation.
suivez.
4.me Variation.
suivez.
5.me Variation.
suivez.
6.me Variation.
suivez.
7.me Variation.
suivez.
8.me Variation.
suivez.
9.me Variation.
suivez.
10.me Variation.
suivez.
11.me Variation.
suivez.
12.me Variation.
suivez.
Résumé.
suivez.
suivez.

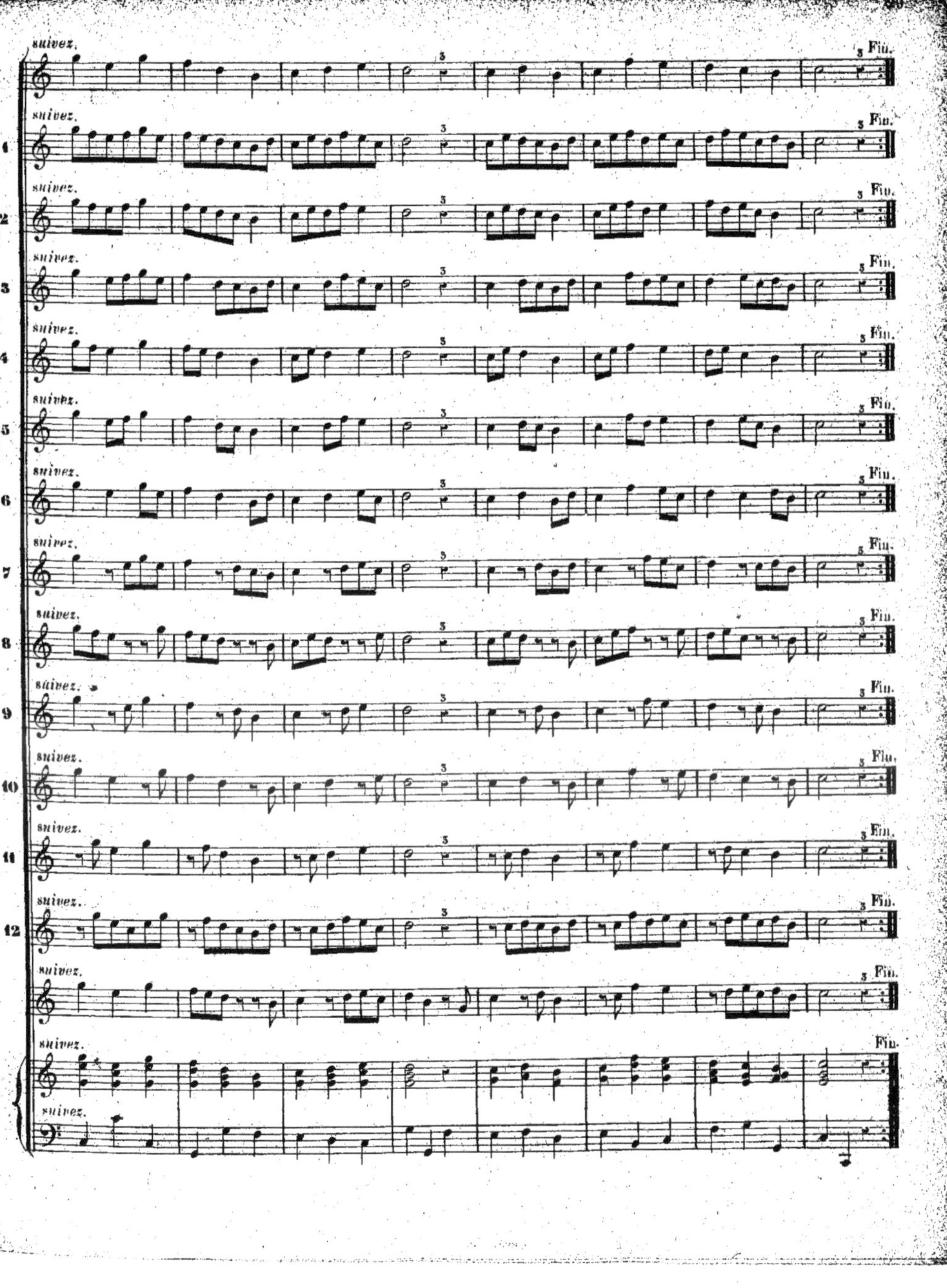
suivez.
suivez.
suivez.
suivez.
suivez.
suivez.
suivez.
suivez.
suivez.
suivez.
suivez.
suivez.
suivez.
suivez.
suivez.
Fin.
Fin.
Fin.
Fin.
Fin.
Fin.
Fin.
Fin.
Fin.
Fin.
Fin.
Fin.
Fin.
Fin.
Fin.
1
2
3
4
5
6
7
8
9
10
11
12

Leçon pour apprendre a syncoper deux notes égales.

Nº 69.

Leçon pour apprendre à syncoper une longue et une brève.

Nº 70.

N.º 71.

FIN DES LEÇONS PRÉLIMINAIRES.

N.º 72.

Quoiqu'il y ait une différence sensible, entre l'intervalle d'Ut naturel à Ut dièze et l'intervalle d'Ut naturel à Ré bémol, néanmoins l'on est convenu, pour la facilité de l'intonation, d'identifier par tempérament ces deux intervalles; en un mot n'en faire qu'un. De sorte qu'après avoir fait entendre Ut naturel, on peut en montant d'un demi-ton, dire Ut dièze ou Ré bémol indistinctement: c'est ce qu'on appelle une Enharmonie. Sur l'Orgue et le Piano la même touche fait Ut dièze et Ré bémol, Ré dièze et Mi bémol. &c. (Voir la Tablature Page 19.)

52
Leçon pour les notes d'agrément.
EXÉCUTION.
N.º 73.
EXÉCUTION.
brève.
longue.
N.º 74.
Leçon pour se familiariser avec le premier dièze et le premier bécarre.
N.º 75.

Allegretto.
Nº 76.
Allegretto.
Nº 77.

Andante.
Nº 78.

Leçon pour se familiariser avec le Sol dièze accidentel.

N.º 79.

Andantino.

N.º 80.

Andantino.

N.º 81.

N.º 82.
Andantino.
Leçon pour se familiariser avec les deux premiers dièzes.
N.º 83.

No 84.
Andante.
No 85.
Moderato.

Allegretto.
Nº 86.

Nº 87.
Allegretto.

Andante.
N.º 88.

Andante.
N.º 89. 
Réduction de la leçon précédende au moyen de la mesure à trois-huit.
N.º 90. 
Andante.
N.º 91.

Réduction de la leçon précédente au moyen de la mesure à trois-huit.
N.º 92.
Grazioso.
N.º 93.

Leçon pour se familiariser avec le Ré et le Ua diezes accidentels.
N° 94.
Andantino.
N° 95.
Allegretto.
N° 96.
1ª   2ª

Leçon pour se familiariser avec les deux premiers bémols.
N.º 97.

N.º 98

Allegretto.

N.º 99.

Allegro.

Leçon pour se familiariser avec l'Ut et le Sol dièzes accidentels.
Nº 101.

N.º 102

Andante.

N.º 103.

Leçon pour se familiariser avec l'Ut et le Sol dièzes.
N.° 104.

Moderato.
N.º 105.
Moderato.
N.º 106.

Moderato.
Nᵒ 107.
Moderato.
Nᵒ 108.

Moderato.
N.º 109.

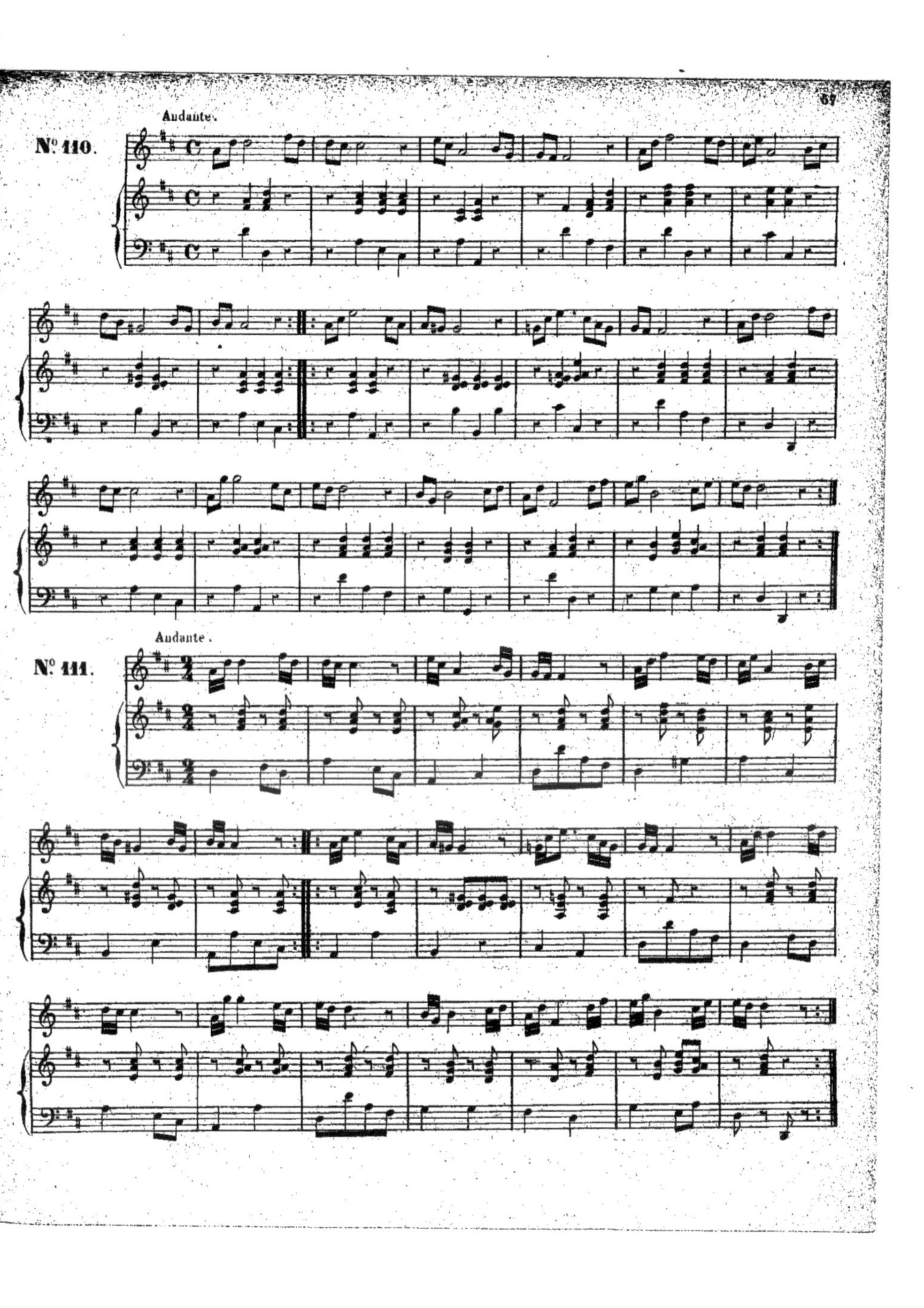

Andante.
Nº 110.
Andante.
Nº 111.

58
Marche.
N.º 112.

Moderato.
N° 113
Andantino.
N° 114.
Andantino.
N° 115.

Leçon pour se familiariser avec le La et le Mi dièses accidentels.
N.º 116.
Moderato.
N.º 117.

Andantino.
N.° 118.
Variation.
N.° 119.

Leçon pour se familiariser avec le Mi et le La bémols.
N.º 120.
Moderato.
N.º 121.

Andantino.
Nº 122.

Allº Moderato.
Nº 123.

Allegretto.
N.º 124.

Leçon pour se familiariser avec le Fa et l'Ut dièzes accidentels.
N.º 125.
Allo. Modto.
N.º 126.

N.º 127.

Leçon pour se familiariser avec le Sol et le Ré dièzes.
N.º 128.

N.º 129

N.º 130.
Andantino.

Leçon, pour se familiariser avec le Mi et le Si dièzes accidentels.

Ench: le N° suivant.
All° Moderato.
N° 133.

76
rall:
adagio.   a Tempo.

Allegretto.
Nº 134.

N° 135

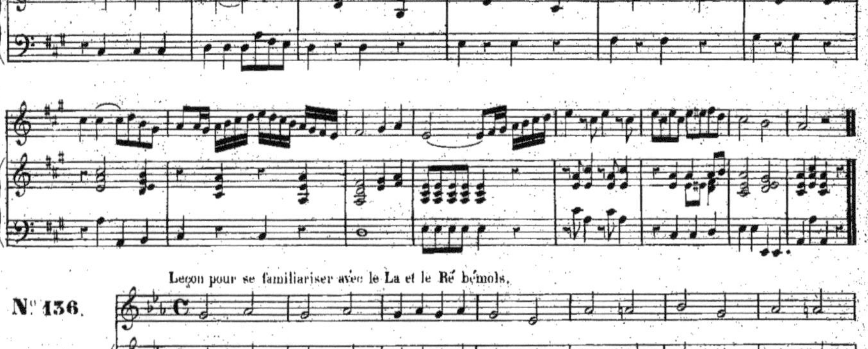

Leçon pour se familiariser avec le La et le Ré bémols.

Nº 136.

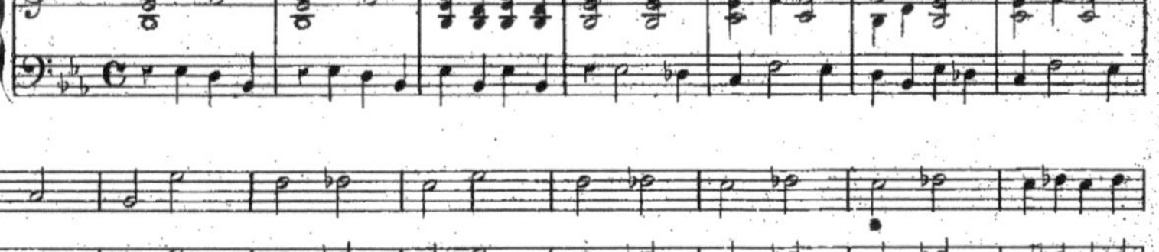

Allº Moderato.

Nº 137.

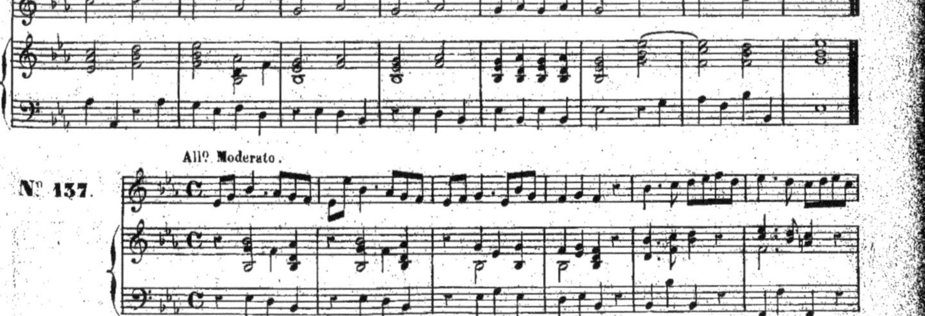

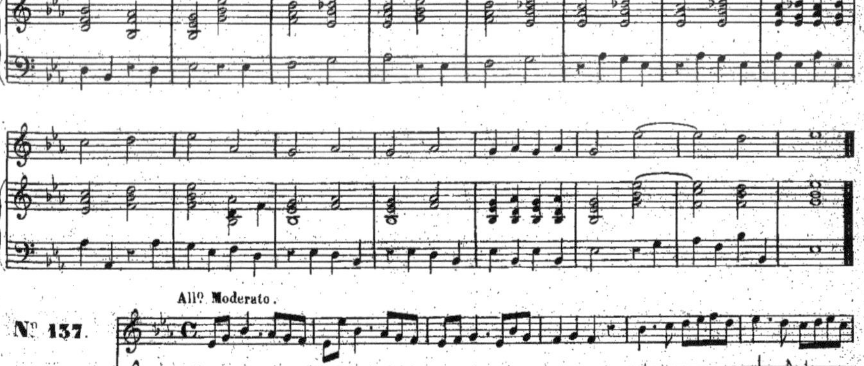

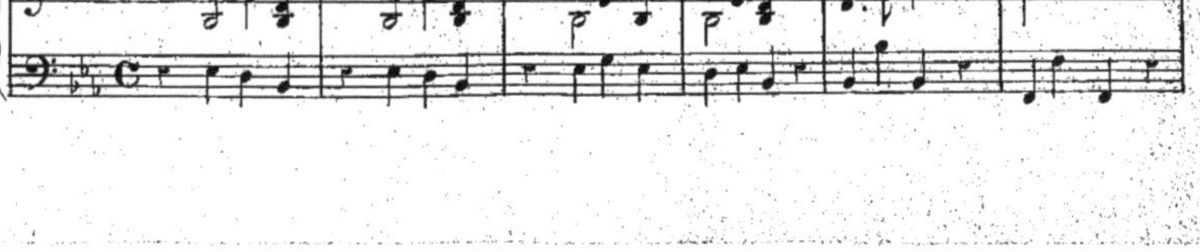

Moderato.
N.º 138.

Andantino.
N.º 439.

Adagio.
N.° 140.

Allegro.
Nº 141.

Leçon pour se familiariser avec le premier bécarre accidentel.

N.º 142.

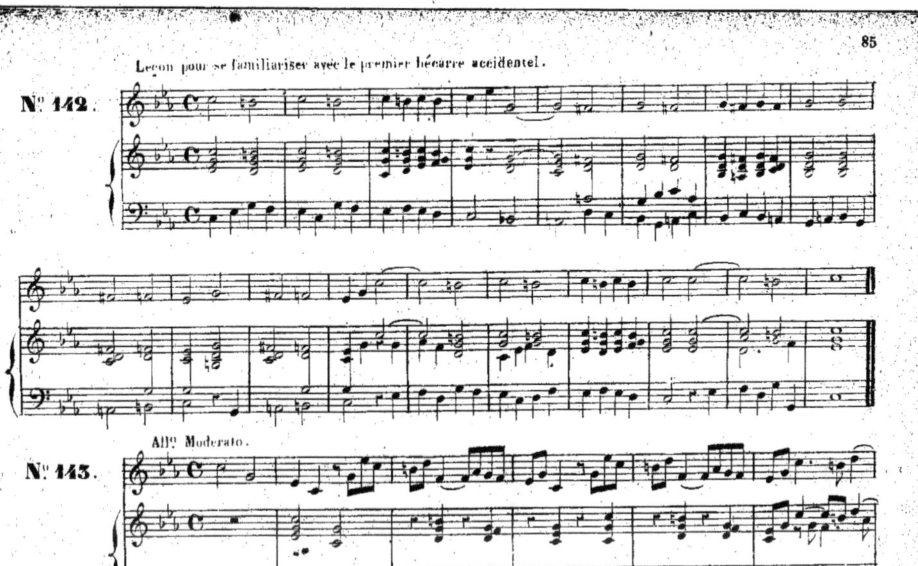

Allº Moderato.

N.º 143.

Leçon pour se familiariser avec le Ré et le La dièzes.
N.º 144.
Moderato.
N.º 145.

Adagio.
N.º 146.

Andante.

Nᵒ 147.

Nº 148.
Andantino.

a volonté
a tempo.
Leçon pour se familiariser avec le Si dièze accidentel et le double dièze
N.º 149.

Andante
Nº 150

Allº Risoluto.
Nº 151.

95
Allegretto.
N.º 152.

Leçon pour se familiariser avec le Ré et le Sol bémols:
N.º 153.
Moderato.
N.º 154.
1ª
2ª

Andante.
N.º 155.

Andantino.
Nº 156.

Allo. Moderato.
No 157.

Leçon pour se familiariser avec le Mi et le Si bécarres accidentels.
N.º 158
Allº Moderato.
N.º 159

Andante.
N.º 160.

Leçon pour se familiariser avec le La et le Mi dièzes.

N.º 161.

Affettuoso.

N.º 162.

Allegretto.
Nº 163.

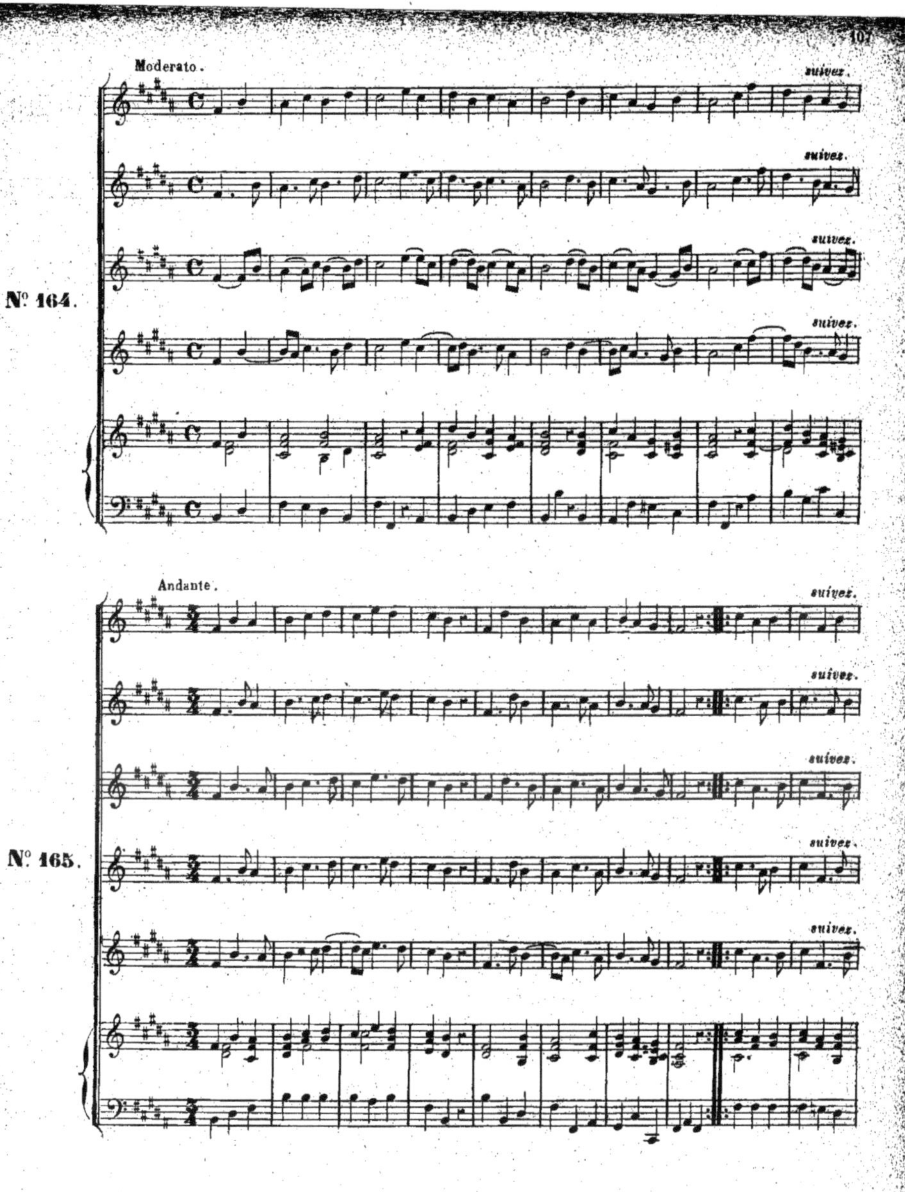
Moderato.
suivez.
suivez.
suivez.
suivez.
suivez.
N.º 164.
Andante.
suivez.
suivez.
suivez.
suivez.
suivez.
N.º 165.

Suivez.
Suivez.
Suivez.
Suivez.
Suivez.
Suivez.

Nº 166.
Affettuoso.
Lento. a tempo.
Lento. a tempo.
109

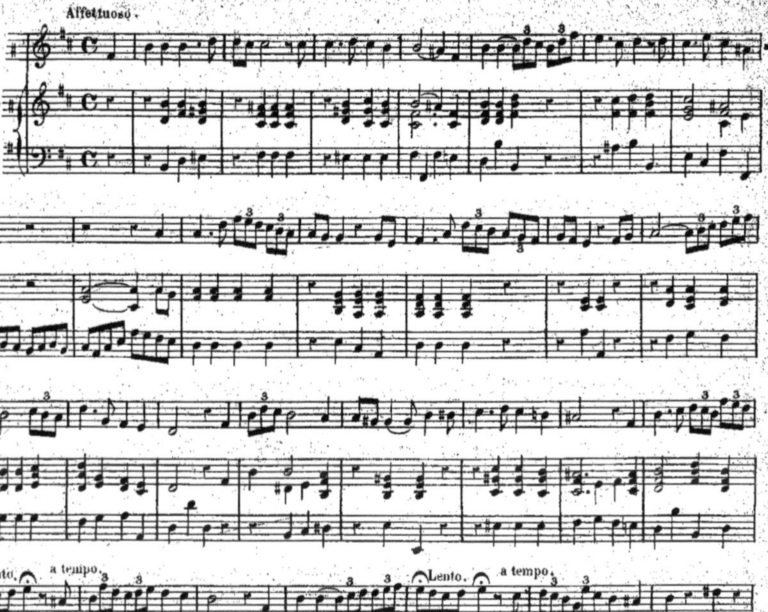

Leçon pour se familiariser avec le Fa et l'Ut doubles dièzes.
N°. 167.

Andante.
N.º 168

112
N.º 169.
Leçon pour se familiariser avec le Sol et l'Ut bémols.

Adagio.
Nº 170.
Allº Modtº
Nº 171.

Leçon pour se familiariser avec le La et le Mi bécarres accidentels.
Nº 172.
Andantino.
Nº 173.
Fin.
Fin.
Majeur.

Moderato.
Nº 174.

Leçon pour se familiariser avec le Mi et le Si dièzes.
N.° 175.
N.° 176.
Allegro.

Leçon pour se familiariser avec l'Ut et le Sol doubles dièzes.
N° 177.
N° 178.
Allo Modto.

Leçon pour se familiariser avec l'Ut et le Fa bémols.
N.º 179.

Andantino.

No. 180.

148
Leçon pour se familiariser avec le Ré et le La bécarres accidentels.
N.º 181.
Moderato.
N.º 182.

LEÇONS POUR L'ÉTUDE DU STYLE.
Allo Risoluto.
Ben marcato.
No 483.
f
Legato.
p
cres - - - cen -

124
Ben marcato.
do
f
p
mf
cres - - - - cen -

N.º 184.
Allº Moderato.
do
cres - - - cen - - - do
f
mf
f

mf
p
cres - - cen - - - do.
f

Nº 185.
Moderato.
mf cres - - - cen - - do -
f
f
p

cres
do
f
mf
cres
cen
do
cres
cen
do
f
p

129
cres - - - cen -
- - - do
f
N° 486
All° Moderato.
p
f

mf
cres - - cen - - - do - - -
p
cres - - - cen - - do - - -

157
p
cres
cen do f

No 187.
All.º Moderato.
f
p
f
mf
cres -   -   -   cen -   -   -
do -
p
mf

p
cres
cen
do
f

cres - - -
cen - - - do -
Allo Moderato.
No 188.
p
f

mf
mf
p
cres
cen
do
f
mf

f
p
cres - - - cen -
do
mf
cres - - - - cen - - do
f

ÉCHELLE DIATONIQUE
POUR APPRENDRE À CONNAÎTRE LES NOTES DE LA CLEF D'UT SUR LA PREMIÈRE LIGNE.

Andante.
N.º 192.
Mineur.
N.º 193.

Allegretto.

Nº 194.

Moderato.

Nº 195.

Fin.

No. 196.
Affettuoso.
No. 197.
Amoroso.

141
FIN

Nº 198.
Allegretto.
FIN.
Mineur.
Nº 199.
FIN.

Allegretto.
N.° 200
FIN.
Moderato.
N.° 201.

CLEF D'UT SUR LA 3me LIGNE.

N° 202.

Leçon pour apprendre à nommer les notes.
N.º 203
Andante.
N.º 204.

Andantino.
N.º 205.
Andantino.
N.º 206.

Allo Moderato.
No 207.

Andante

Larghetto.
N.º 209.
Enchaînez.
Allº Modº
N.º 210.

CLEF D'UT SUR LA 4me LIGNE.
N.º 211.
Ut, Ré, Mi, Fa, Sol, La, Si, Ut, Ré, Mi, Fa, Sol,
Ré, Fa, La, Ut, Mi, Sol, Ut, Mi, Sol, Si, Ré, Fa,

Leçon pour apprendre à nommer les notes.

Nº 212
Allegretto.
Nº 213.
Fin.
Andantino.
Nº 214.

a tempo.
Grazioso.
Nº 215.
Moderato.
Nº 216.

N.º 217.
Andante.

Allegretto.
N.º 218.
Andante.
N.º 219.

Allo Modto
No 220.

CLEF DE FA 3.ᵐᵉ LIGNE.
N.º 221.
Sol, La, Si, Ut, Ré, Mi, Fa, Sol, La, Si, Ut, Ré, Mi, Fa, Sol.
Sol, Si, Ré, Fa, La, Ut, Mi, Sol. La, Ut, Mi, Sol, Si, Ré, Fa.
Leçon pour apprendre à nommer les notes dans les sons graves.
N.º 222.
Leçon pour l'étendue de la voix.
N.º 223.

Andante.
Moderato.

Allegretto.
Nº 226.

Allegretto.
N.º 227
Moderato.
N.º 228

FIN
Imp: MARGUERITAT, S¹ REGLE (Indre et Loire)

www.ingramcontent.com/pod-product-compliance
Ingram Content Group UK Ltd.
Pitfield, Milton Keynes, MK11 3LW, UK
UKHW022020170726
13837UKWH00001B/306

9 782019 992323